4° L⁴ h
1186

AF243305

RÉPUBLIQUE FRANÇAISE

MAIRIE DU 3ᵉ ARRONDISSEMENT

M. BONVALET, Maire. { MM. Ch. MURAT, CLÉRAY, CHAVAGNAT, MOUSSERON, } Adjoints.

RAPPORT

SUR

LES SERVICES

DES AMBULANCES MUNICIPALES

Du 3ᵐᵉ Arrondissement

PENDANT LE SIÉGE DE PARIS 1870-1871

SOUS LA DIRECTION DE

M. T. FERRÉ

PARIS

TYPOGRAPHIE RIGAL ET Cⁱᵉ, PASSAGE DU CAIRE, 56

1872

AMBULANCES

EXPOSÉ — ADMINISTRATION — SERVICE MÉDICAL

ET PHARMACEUTIQUE

LISTE DES AMBULANCES ET PERSONNEL.

AMBULANCES

EXPOSÉ

La direction des ambulances municipales avait dans ses attributions :

1° L'administration des ambulances, qui s'étaient ouvertes dans le 3ᵉ arrondissement avec le concours de la Municipalité, et placées sous son patronage ;

2° La lingerie municipale, créée en vue des besoins des ambulances, des malades et des nécessiteux ;

3° La distribution supplémentaire de viande et de lait aux malades et aux jeunes enfants ;

4° Les médicaments et appareils, fournis aux gardes nationaux malades et aux nécessiteux.

C'est afin de faire connaître la marche et les résultats obtenus par nos différents services, justifier l'emploi des sommes mises à notre disposition, signaler le désintéressement patriotique de tous les nobles cœurs qui se sont associés à nous pour atténuer les conséquences d'une guerre néfaste, que nous avons cru devoir rédiger un rapport résumé de notre administration.

Dès les premiers jours du siége de Paris, la Municipalité du 3ᵉ arrondissement nous confia la bien triste mission d'assurer pour le jour du combat le fonctionnement des ambulances inscrites à la Mairie et placées sous son patronage.

Les instructions détaillées que nous avons publiées à cette époque témoignent de nos efforts pour aider et diriger ce patriotique empressement. Les règlements déterminaient la voie à suivre depuis l'instant où le soldat était tombé frappé, jusqu'au moment où la science et le dévouement avaient pu le rendre à l'autorité militaire. Organisation intérieure de l'ambulance, fixation du matériel nécessaire à chacune d'elles, permanence au bureau central des médecins, que leur âge ou leurs fonctions avaient placés au cadre de réserve, inscription de chaque blessé sur le registre matricule de ce bureau et plus tard sur le registre spécial de l'ambulance pour laquelle il avait été désigné, inventaire et dépôt en lieu sûr des armes et des munitions qu'il avait pu conserver, fiche remise au transporteur avec ordre de l'attacher au lit du blessé, visite quotidienne de nos médecins, fixation du régime des blessés, moyens propres à déterminer exactement les lits vacants et centralisation journalière des mouvements de sortie afin d'utiliser les lits au fur et à mesure de leur vacance, envoi journalier des états au Commandant de l'État-Major de la place ; nous avions cherché à tout prévoir dans les détails de cette organisation ; nous nous étions surtout appliqués à régulariser la situation des blessés avec l'Intendance et à maintenir constamment comme principe et comme but de remettre les hommes à la disposition de l'autorité militaire aussitôt leur complète guérison.

Toute cette organisation très-étudiée, qui devait nous assurer un fonctionnement satisfaisant, a été malheureusement et très-injustement paralysée par une hostilité sourde et tenace de la part de l'Intendance militaire, hostilité contre laquelle nous avons dû maintes fois protester publiquement et qui a même motivé de notre part des plaintes directes au Gouverneur de Paris : nos plaintes ont été d'autant plus vives que nous pouvions juger et apprécier chaque jour les fâcheuses conséquences provenant du système désordonné et brutal de cette administration.

La protection que nous nous étions engagés à donner à tous nos généreux ambulanciers, l'estime profonde qu'ils avaient su nous inspirer par leur désintéressement et leur persévérance, nous ont donné la force de résister à tant d'arbitraire, et le courage d'accomplir notre mission. Ce n'est que le 30 mars 1871 que, forcés par les événements, nous avons cessé de fonctionner, après avoir toutefois soldé la presque totalité de nos comptes.

1ᴱᴿ RAPPORT

SUR LE SERVICE DES AMBULANCES MUNICIPALES DU 3ᵉ ARRONDISSEMENT

Ce rapport devait être lu le 19 mars 1871 à la distribution des Médailles et Diplômes offerts aux citoyens et citoyennes qui avaient fait preuve de dévouement ou de zèle dans les ambulances de l'arrondissement. Les événements survenus ce même jour ont empêché l'accomplissement de cette cérémonie. Les Médailles et Diplômes ont été remis à domicile.

Arrivé au terme de la mission que nous a confiée la Municipalité (organisation et service des ambulances municipales du 3ᵉ arrondissement), il est de notre devoir d'en faire connaître le fonctionnement et les résultats obtenus.

Le siége de Paris commençait à peine quand la Municipalité du 3ᵉ arrondissement entreprit d'organiser et de centraliser, sous sa direction, les propositions généreuses d'un grand nombre de ses habitants, relatives à l'établissement d'ambulances privées.

A cet effet, un service spécial fut créé, une souscription ouverte au profit des blessés et des nécessiteux.

Des quêtes à domicile furent faites par des dames de l'arrondissement, dont on ne peut assez louer le dévouement soutenu.

Ces quêtes produisirent le chiffre de **25,257** francs.

De cette somme, partie fut distraite pour venir en aide aux misères nombreuses provoquées par la suspension de tous les travaux.

10,000 francs nous furent remis pour être appliqués au service des ambulances. Il faut ajouter à ce chiffre 1,699 fr. 85 c. provenant de dons nouveaux et versements faits en raison d'engagements pris pour la durée de la guerre.

Soit ensemble pour le service des ambulances **11,699** fr. **85** cent.

Les dépenses se sont élevées à **8,125** fr. **40** cent.

Suivant le vœu des donateurs, cet argent a été employé pour venir en aide aux ambulances qui ne s'étaient engagées que sur la promesse du concours de la Municipalité.

Le détail des deux comptes est consigné sur le livre de caisse spécial au service, à l'appui duquel sont joints les bordereaux et factures acquittées.

Les dépenses se divisent en :

1° Service de transport et ambulances de remparts.	2,565 fr. »» c.
2° Payement de pharmaciens et appareils de chirurgie . . . . , ...	3,289 55
3° Fournitures de combustibles	229 95
4° Achat de draps et chemises	648 50
5° Objets mobiliers	186 30
6° Alimentation	331 60
7° Tabac et cigarres pour les blessés	156 50
8° Lait pour malades et enfants indigents, salaire d'infirmiers et infirmières, blanchissage, etc..	718 »»
Total	8,125 fr. 40 c.

Ainsi qu'il a été dit plus haut, les recettes s'élèvent ensemble à **11,699** fr. **85** cent.

Les dépenses à **8,125** fr. **40** cent.

Il reste donc en disponibilité la somme de **3,574** fr. **45** c. qui, après délibérations, trouvera un judicieux emploi dans les divers services et institutions d'assistance créés ou en projet dans l'arrondissement (1).

MOUVEMENT DANS LES AMBULANCES

La note explicative qui va suivre ne comprend que le mouvement dans les ambulances placées sous la direction immédiate de la Municipalité ; beaucoup d'autres ont été créées dans l'arrondissement avec diverses dénominations auxquelles s'adressent également nos remerciements ; mais leur comptabilité ne figure pas sur nos registres.

(1) La liquidation définitive des comptes ayant modifié ces différents chiffres voir le détail et le résumé au livre de caisse, ci-après inséré.

A la suite d'une minutieuse inspection faite au point de vue de l'hygiène par la Commission spéciale:

Sur 200 ambulances renfermant 1,000 lits, qui nous avaient été proposées, 150, contenant 600 lits, ont été autorisées; sur ce nombre 110 ambulances et 512 lits ont fonctionné.

Elles ont reçu :

     Blessés. .. 535

     Malades... 600

déduction faite de 83 atteints de maladies contagieuses, réinté-grés dans les hôpitaux.   Total........... 1,135

Il est sorti guéris :]

     Malades... 439

     Blessés.... 430

Au 15 mars il restait en voie de guérison :

     Malades... 116

     Blessés.... 77

Blessés et malades, guéris et en voie de guérison. Ensemble... 1,062

Décédés :

     Malades ... 45

     Blessés.... 28

       Ensemble... 73

        Total........... 1,135

Chiffre égal aux entrées.

La proportion des décès est de 7 1/2 0/0 sur les malades, et 5 0/0 sur les blessés.

Ce résultat remarquable est certainement dû au talent des chirurgiens et médecins, aux soins intelligents et dévoués prodigués nuit et jour par les citoyennes et citoyens qui avaient entrepris cette glorieuse mais pénible mission.

En raison des circonstances, nous n'avons pu les aider que dans des limites restreintes, et leur en témoignons tous nos regrets; nous voulions faire plus, nous pouvions faire mieux : mais nous avions compté sans la routine et le mauvais vouloir de l'Intendance militaire, administration jalouse de toute organisation qui ne procède pas d'elle.

C'est à sa mauvaise organisation que l'on doit ces promenades de voitures à peine closes, errant des heures entières dans la ville sans pouvoir placer ces pauvres blessés; les scènes de la foule accusant par ignorance les municipalités et les ambulanciers.

C'est elle encore qui a repoussé notre proposition de centraliser et distribuer l'alimentation aux ambulances de l'arrondissement, fonctionnement si simple, et qui vous eût épargné tant de fatigues et de pertes de temps.

Malgré ces obstacles, votre courage et votre patriotisme vous ont donné l'énergique persévérance d'accomplir votre tâche.

Les difficultés ont doublé le mérite.

Nous sommes heureux de le proclamer publiquement.

Pour nous, qui avons trouvé la force morale dans l'association des hommes de cœur ; au contact de tant de générosité, notre foi républicaine renaît chaque jour plus vive, et pris de pitié pour les esprits noirs, atteints de cette sorte d'épidémie morale qui porte ces malheureux de tous les âges désillusionnés de 20 ans, blasés de 30, non-seulement à douter d'eux, ce qui est justice, mais à ne croire ni au progrès, parce qu'il est inséparable du travail, ni au bien qui veut le désintéressement, ni à la dignité qu'ils ne sauraient appuyer sur l'estime personnelle.

A tous ces déshérités qu'il faut plaindre, je dirai simplement ceci :

Savez-vous ce qui, pendant six mois, nous a donné la force de supporter un travail souvent excessif?

Le regret poignant de refuser à qui souffrait : un peu de viande ou de pain blanc pour le réconforter ;

Le courage de supporter les revers de notre patrie : ce qui nous a donné, dis-je, cette force immense, sceptiques malheureux !

Ce sont les dévouements sans nombre de tous ces hommes de bien, que vous traitez de rêveurs, de ces amis patriotes qui, vos maires et adjoints les premiers, ont si généreusement collaboré à nos travaux ;

De ces médecins savants, parce qu'ils ont aimé l'étude, qui sont venus jour et nuit, à toute heure, mettre leur science à la disposition de l'humanité souffrante ; de ces industriels désintéressés donnant modestement leurs soins, leur bourse, leur temps à ces pauvres blessés d'autant plus chers qu'ils étaient plus malheureux ;

De ces femmes, vraiment dignes du titre de mère, pansant, veillant, consolant toujours ; courage, femmes de cœur ! vous avez été admirables.

Ce sont les citoyennes comme vous qui sont appelées à relever la France, en enseignant à leurs enfants, avec le respect du droit et l'amour du devoir, cette fraternité sublime, que vous savez si bien pratiquer vous-mêmes, et qui est la plus belle des vertus républicaines.

Le Directeur des ambulances municipales du 3ᵉ arrondissement,

T. FERRÉ.

ADMINISTRATION

Dans la nomenclature des citoyens et citoyennes qui généreusement et sans aucune défaillance se sont dévoués à l'œuvre des secours aux blessés, malades et nécessiteux de l'arrondissement, nous devons citer en première ligne les hommes qui, après avoir conçu l'organisation, ont contribué sans relâche pendant six mois à son fonctionnement.

Le dévouement désintéressé dont ils ont fait preuve, le concours intelligent qu'ils nous ont prêté dans ce pénible service, leur donne droit à toute notre reconnaissance. Ce sont :

MM.	MM.
T. FERRÉ, 11, rue du Perche.	HURET fils, 193, rue du Temple.
Dr VERNEUIL, 100, boul. de Sébastopol.	JOCHUM, 6, rue des Filles-du-Calvaire.
Dr FRÈRE, 15, rue Charlot.	GOSSET, 98, boulevard de Sébastopol.
VINCENT, 325, rue Saint-Martin.	HURET père, 193, rue du Temple.
FORTIN, 1, rue du Grand-Chantier.	BELLAN, 18, rue des Vosges.
HACHETTE, 1, rue de la Perle.	SCHOULAKOWSKY, 92, r. de Turenne.

SERVICE MÉDICAL

Docteur VERNEUIL, Chef du service médical du 3e arrondissement.
— FRÈRE, Inspecteur du service médical du 3e arrondissement.

MÉDECINS

ayant fait le service de la permanence au Bureau central installé à la Mairie.

MM. les Drs AUGOUARD.	MM. les Drs MARTIN.
BAUD.	MASSIAS.
BELHOMME.	MAYER.
BERTRAND.	MOREAU.
CAMPARDON père.	PERRÈVE.
COSSON.	SEAILLES.
ESCOFFIER.	SIRUGUE.
GAIDE.	STREBEL.
GRACIOT.	SUHRER.
GRENAT.	THEULLIER.
LELOUET.	VEILLARD.
LEMAIRE.	

PHARMACIENS

ayant fourni gratuitement des médicaments.

MM.

BONNEFOND.	Ambulance	Leclerc et Collaborateurs,
BOURGEAUD.	—	Vᵉ Brag, Rimaillot, Bergeron.
CHAUMELLE.	—	Richard-Laquet, veuve Pille, Gross.
COUREN.	—	Association générale des Ouvriers tailleurs.
CRINON.	—	Graux-Marly.
FOUCHEZ, d'Orléans.	—	Georges, Malherbe et Collaborateurs.
GENDRON.		(La sienne).
PILLARD.	—	Vasselle.
NALIS.	—	(La sienne).
ROUSSEL.	—	Servant, Chaligne.

AMBULANCES

OFFERTES A LA MUNICIPALITÉ DU 3ᵉ ARRONDISSEMENT

Et ayant fonctionné pendant toute la durée du siége de Paris (1870-1871).

Noms des personnes ayant gratuitement donné leur concours et leurs soins dans ces ambulances et auxquelles la municipalité du 3ᵉ arrondissement, reconnaissante du dévouement qu'elles ont témoigné, a remis une médaille ou un diplôme.

Ambulance de l'École centrale	**Ambul. des Dames Ste-Élisabeth**
3, rue des Coutures-St-Gervais.	rue Turenne, 60.
25 lits.	25 lits.
Service médical : Dʳ Frère.	*Service médical :* Dʳ Legros.
Dʳ Blum.	*Service d'infirm :* Mᵐᵉˢ Sʳˢ Anselme.
Garigues, interᵉ	L'Ange-Gardien
Pharmacien : M. Tisy	Hyacinthe.
Service d'infirm. : Mᵐᵉˢ E. Solignac, dir.	Anne.
D. Frichot.	Félicité.
Deramé.	Félix.
Arban.	Marie.
Chauvin.	Hélène.
Loiseau.	Mᵐᵉˢ Barjaud.
Buzillet.	Valker.
Pion.	Comeau.
Vᵉ Lesage.	Barry.
	M. Barry.

Ambulance Vᶜ Brag et fils
rue des Blancs-Manteaux, 40.
20 lits

Service médical :   Dʳ Sandras.
Pharmacien :   M. Bourgeaud.
Service d'infirm. : Mᵐᵉˢ Gillet.
    Philippe.

Amb. Ithourburu et Collaborateurs
rue des Filles-du-Calvaire, 13.
16 lits.

Service médical :   Dʳ Theulier.
Service d'infirm.: Mᵐᵉˢ Roblin.
    A. Galbruner.
    M. S. Davril.

Ambulance Dʳ Cosson et Suhrer
rue du Grand-Chantier,
12 lits.

Service médical :   Dʳ Cosson.
    ▸ Suhrer.
Service d'infirm. :   Sʳ Agathe.

Ambul. Legrand et Collaborateurs
rue Béranger, 5.
12 lits.
M. LEGRAND et COLLABORATEURS
Service médical :   Dʳ Grange.
    » Segalas.
Pharmacien :   Martin.
Comptable :   E. Guérin
Service d'infirm. : Mᵐᵉˢ Bonvalet, direc.
    Legrand.
    Brulé.
    Souladeau.
    Martin.
    Guérin.
    Penale.
    Guittard.
    Dupuis.
    Bérard.
    Mˡˡᵉˢ Robineau.
    Couturier.
    Mᵐᵉˢ Bony.
    Bordault.
    Fromont.
    De Beauvais.
    Duchene.

Ambul. Turquand et Collaborateurs
rue Turbigo, 89.
15 lits.

M. et Mᵐᵉ TURQUAND, DIRECTEURS
Service médical :   Dʳ Guérard.
    » Ehrhardt.
Pharmacien :   Couren
Service d'infirm. : Mᵐᵉˢ Perin.
    Seris.
    Ustin.
    Mascot.
    Lion.
    Konner.
    Cerf.

Ambul. Pellier et Collaborateurs.
rue Turbigo, 68.
10 lits

Service médical.   Dʳ Fremineau.
Service d'infirm. : Mᵐᵉˢ Pellier.
    Piault.

Ambulance Héricé
rue du Parc-Royal, 12.
10 lits.

Service médical :   Dʳˢ Piégu.
    » Legros.
Service d'infirm. :   M. Héricé, direct.
    Mᵐᵉ E. Perret.
    Mˡˡᵉ L. Allard.

Ambulance Servant
rue des Vieilles-Haudriettes, 3.
10 lits.

Service médical :   Dʳ Veillard.
Service d'infirm. :   Mˡˡᵉ Forest, direct.
    Mᵐᵉ Hamff.

Ambulance du Comité républicain
rue Turbigo, 78.
10 lits.

Directeur :   M. Sauvageau.
Service médical :   Dʳ Grange.
Service d'inf. : M. et Mᵐᵉ Sauvageau.
    M. Langlois.
    Mˡˡᵉ Charpentier.

Ambulance Broquin
boulevard Beaumarchais, 49.
10 lits.
Service médical : Dr Deroche.
Service d'infirm. : M. Broquin, direct.

**Ambulance Georges, Malherbe
et Collaborateurs**
Place du Château-d'Eau.
10 lits.
Service médical : Dr Mayer.
Pharmacien : M. Fouchez.
Service d'infirm. : MM. Georges.
Malherbe.
Mme Montoise.

Ambulance Martin
Place des Vosges, 18.
10 lits.
Service médical : Dr Martin.
Service d'infirm. : Mlle Marchef-Girard.
Mme Martin
et ses enfants·

Ambulance Mathey
Rue Turenne, 39.
10 lits.
M. et Mme MATHEY propriétaires-direct.
Service médical : Dr Chevalier.
» Blum.
Service d'infirm. : MM. Sorin.
Mathey fils.
Mme Rouy.
Mlle Mathey.

Ambulance Morel
Rue Saint-Anastase, 10.
8 lits.
Service médical : Dr Grenat.
Service d'inf. : M. et Mme Morel.

**Ambulance Gosset, Chaveton
et Collaborateurs**
Boulevard Sébastopol, 98.
8 lits.
Service médical : Dr Villette.
Service d'infirm. : Mme Gosset.
M. et Mme Chaveton.
» Duranton.

Ambulance Bomsel
Rue Béranger, 8.
10 lits.
Service médical : Dr Strebel.
Service d'infirm. : M. et Mme Bomsel.
Mme Ve Fossard.
A. Dayen.

Ambulance Grut et Collaborateurs
Rue des Francs-Bourgeois, 54.
9 lits.
Service médical : Dr Fleury.
Service d'inf. : M. et Mme Grut.
Ve Jacquet.
M. Piot.

**Ambulance Beclerc, Duval
et Collaborateurs**
Rue Meslay, 57.
8 lits.
Service médical : Dr Beclerc.
M. Duval, direct.
Service d'infirm. : Mmes Duval.
Louvet.
Quérand.
Mlle Lenormand.
MM. Barbier.
Dubusc.
Joron.
Leduc.
Provost.
Sorel.

Ambul. Leclerc et Collaborateurs
Rue des Filles-du-Calvaire, 7.
8 lits.
Mme LECLERC, directrice.
Service médical : Dr Grenat.
Phamacien : M. Bonnefond.
Service d'infirm. : Mlle Pain.
Mmes Lebray.
Naze.

Ambul. Vergeron et Collaborateurs
Rue Rambuteau, 54.
6 lits.
Service médical : Dr Labrunie
Service d'infirm. : M. Vergeron.
Mme Lacia.

Ambulance Masson et Cary
Rue du Grand-Chantier, 7.
6 lits.
Service médical : Dr Campardon père.
Service d'inf. : M. et Mme Cary.
M. Masson.

Ambulance Gendron.
Boulevard Beaumarchais, 67.
6 lits.
Service médical : Dr Deroche.
Pharmacien : Gendron.
Service d'infirm. : Mme Gendron.

Ambulance veuve Perrin
Rue Turenne, 52.
6 lits.
Service médical : Dr Bertrand.
Service d'infirm. : Mme Vasselier.

Ambulance Baudoin
Rue d'Anjou, 17.
(6 lits.
Service médical : Dr Lhuillier.
Service d'infirm. : Mme A. Blondel.

Ambulance Rouillard
Rue Saint-Martin, 176.
6 lits.
Service médical : Dr Schloss.
Pharmacien : Lebeault.
Service d'inf. : M. et Mme Rouillard.
Mlle Rosset.

Ambulance Association générale des Ouvriers tailleurs
Rue Turbigo, 33.
6 lits.
Service médical : Dr Malingre.
Service d'infirm. : Les Membres de l'Associat.

Ambulance Biard
Rue des Gravilliers, 86.
6 lits.
Service médical : Dr Labrunie.
Service d'inf. : M. et Mme Biard.

Ambul. Guérin et Collaborateurs
Rue Saint-Martin, 186.
6 lits.
Directeur : M. Guérin.
Service médical : Dr Rochette.
Service d'infirm. : Mme Guérin.
Mlle Richoux.
Mme Godin.
Charpentier.

Ambulance Gross et Collaborateurs
Rue du Temple, 79.
6 lits.
Service médical : Dr Theullier.
Pharmacien : M. Chaumelle.
Service d'inf. : M. et Mme Gross.

Ambul. Leray et Collaborateurs
Rue Charlot, 9.
6 lits.
Service médical : Dr Grenat.
Service d'infirm. : Mme Leray.

Ambulance Roussille
Rue des Vosges, 18.
6 lits.
Service médical : Dr Chalvet.
Service d'infirm. : M. G. Delavaux et Collaborat.

Ambulance Ségrestan
Rue Vieille-du-Temple, 77.
6 lits.
Service médical : Dr Augouard.
Service d'infirm. : Mme Segrestan.

Ambul. ve Ridet et Collaborateurs
Rue Notre-Dame-de-Nazareth.
6 lits.
Service médical : Dr Beclerc.
Service d'infirm. : Mme C. Sauvage.

Ambulance Rouhaud, Levasseur et Collaborateurs
Rue Turbigo, 75.
6 lits.
Service médical : Dr Linthillac.
Service d'infirm. : Mme Levasseur.
M. Levasseur.

Ambulance Vasselle
Rue Sainte-Apolline, 4.
6 lits.

Directeur :   M. Chonneau.
Service médical :   Dr Béclerc.
Service d'infirm. :   Mlle L. Pierrot
         et Collaborat.

Ambulance v^e Pille
Rue Béranger, 25.
6 lits.

Service médical :   Dr Sirugue.
Service d'infirm. :   Delaisse.

Ambulance Rimalho frères
Rue Rambuteau, 20..
6 lits.

Directeurs :   MM. Rimalho frères.
Service médical :   Dr Sandras.
Pharmacien :   M. Bourgeaud.
Service d'infirm. :   Mme Sourciat.
         Mlle Raymondo.

Ambul. G. Bac et Collaborateurs
Rue Portefoin, 12.
6 lits.

Directeur :   M. Morin.
Service médical :   Dr Campardon père.
Service d'infirm. :   Mlle M. Soulialoux.

Ambulance Chaligne
Rue Michel-le-Comte, 15.
5 lits.

Directeurs : M. et Mme Chaligne.
Service médical :   Dr Sirugue.
Service d'infirm. :   Mme Chaligne.

Ambul. Trumet et Collaborateurs
SOCIÉTÉ DES LUNETIERS
Rue d'Anjou, 6.
4 lits.

Service médical :   Dr Lhuillier.
Service d'infirm. :   Mmes Trumet.
         A. Labiche.

Ambulance Miguet
Rue Molay, 2.
4 lits.

Service médical :   Dr Fleury.
Service d'infirm. :   M. Miguet.

Ambul. Richard et Collaborateurs
Rue Rambuteau, 26.
4 lits.

Service médical :   Dr Mauduit.
Service d'inf. : M. et Mme Richard.
         Mme Dupré.

Ambulance Schloss
Rue Chapon, 15.
3 lits.

Service médical :   Dr Tourly.
Service d'infirm. :   Mmes Schloss.
         B. Carette.
         L. Fadin.

Ambulance Gaudray
Rue du Temple, 191.
3 lits.

Service médical :   Dr Collineau.
Service d'infirm. :   Mme Gaudray.

Ambulance Schloss, Dennery et Collaborateurs
Boulevard Sébastopol, 86.
3 lits.

Service médical :   Dr Schloss.
Service d'infirm. :   Mmes Schloss.
         Dennery.
         A. Lebel.

Ambulance Jeanselme
Rue du Harlay.
5 lits.

Service médical :   Dr Legros.
Service d'infirm. :   Mme A. Durandal.

Ambul. Lyon et Collaborateurs
Rue St-Martin, 174.
3 lits.

Service médical :   Dr Rochette.
Service d'infirm. :   MM. Lyon, directeur
         Dalbergue, coll.

Ambulance Richard Laquet
Rue Béranger, 20.
3 lits.

Service médical :   Dr Compardon fils.
Pharmacien :   M. Chaumelle.
Service d'infirm. :   Mme Rich. Laquet

Ambulance Babin
Rue Saint-Martin, 181.
3 lits.

Service médical : Dr Rochette.
Service d'infirm. : M. Babin.

Ambulance Lannoy
Rue Bailly, 4.

Service médical : M. Massias.
Service d'infirm. : Mme Lannoy.

Ambulance Nalis
Rue du Temple, 118.
2 lits.

Service médical : Dr Tourly.
Pharmacien : M. Nalis.
Service d'infirm. : Mme Nalis.

Ambulance Marey
Rue Commines, 10.
3 lits.

Directeurs : M. et Mme Marey.
Service médical : Dr Frère.

Ambulance Garnier
Rue de Braque.
2 lits.

Service médical : Dr Moreau.
Service d'infirm. : Mme Garnier.

Ambulance Jacobi
Rue Saint-Martin, 192.
2 lits.

Service médical : Dr Schloss.
Service d'infirm. : Mme Jacobi.

Ambulance Brée
Boulevard Sébastopol, 52.
2 lits.

Service médical : Dr Schloss.
Service d'infirm. : Mme Brée.

Ambulance Payen-Dutrochet
Rue de Braque, 4.
6 lits.

Service médical : Dr Tourly.

Ambulance Faurie
Rue Béranger, 20.
2 lits.

Directrice : Mme Faurie.
Service médical : Dr Colombel.

Ambulance Petit-Pont
Rue Turenne, 52.
4 lits.

Service médical : Dr Bertrand.

Ambulance Lange
Rue du Pont-aux-Choux, 16.
2 lits.

Service médical : Dr Theullier.
Service d'infirm. : Mme Lange.

Ambulance Duhamel
Rue Saint-Martin, 300.
1 lit.

Service d'infirm. : Mme Duhamel.

Ambulance Beauquin
Rue Turenne, 118.
1 lit.

Soins médicaux : Dr Malingre.
Service d'infirm. : Mme Millet.

Ambulance veuve Goupil
Rue Chapon, 13.
1 lit.

Service médical : Dr Frère.
Service d'infirm. : Ve Goupil.

Ambulance Bellan
Place des Vosges.

Service médical : Dr Chalvet.
Service d'infirm. : Mme Bellan.
     M. Bellan.

Ambulance Vidoudez
Rue Saint-Martin, 247.
2 lits.

Service médical : Dr Seailles.
Service d'infirm. : Mme Vidoudez.

Ambulance Planté
Rue des Tournelles.
1 lit.
Service d'infirm. : Mme Ve Choquet.

Ambulance Marty
Rue Meslay, 62.
1 lli.
Service médical : Dr Donnadieu.

Ambulance Gœtz
Rue Saint-Martin, 347.
1 lit.
Service d'infirm. : Mme Gœtz.

Ambulance Darjou
Rue Payenne, 1.
1 lit.
Service d'infirm. : Mme Darjou.

Les ambulances qui suivent étaient placées sous le patronage des sociétés de secours aux blessés, de la Presse et de la garde nationale; nous ne leur avons rendu que peu de services; mais étant situées sur notre arrondissement et ayant pu en apprécier la bonne organisation, nous avons jugé devoir les mentionner et les récompenser.

Amb. du presbytère de St-Denis-du Saint-Sacrement
Rue Turenne.
23 lits.
Service médical : Dr Gery.
Service d'infirm. : Mme Auzolle, direct.

Ambulance des Archives
Rue des Francs-Bourgeois.
25 lits.
Service médical : Dr Moreau, direc.-médecin.
MM. Amussat, chir^{en}
Graciot, médec.
Hergant.
Pharmaciens : MM. Petit.
Bosredon.
Morellet.
Service d'infirm. : Mmes Moreau, direct.
De Larebellée, trésorière.
Denis, Collab^{ce}.
Maury.
Grenaud.
Lesieur.
Maugenet.
Benite.
Hincelin.
Poupart.
Spiller.
Higonnef.
Beserre.

Amb. Lacarrière et Collaborateurs
Rue Béranger.
12 lits.
Service médical : Dr Fleury.
Theullier.
Service d'infirm. : M. Lacarrière.
Mme Lamarnière.
D. Lecœur.
Mlle Reguiard.

Ambulance de l'Imprimerie Nationale
Rue Vieille-du-Temple
10 lits.
Service médical : Drs Charrier, chef.
Clin, méd.-ad.
Léger, chirurg.
MM. Grisor, pharm.
Godeau, élève médecin.
Bonneville, ins.
Administration : MM. Hauréau, direc.
Sora.
L'abbé Château.
Service d'infirm. : MM. Rey, collaborat,
Jeannin, —
Mmes Metman.
Oger.
Dubieff.
Mlle Rey.

Ambulance Graux-Marly
Rue du Parc-Royal.
8 lits.

Directeur :   M. Carpezat.
Collaborateur :   M. Redard.
Service médical :   Dr Legros.
Pharmacien :   M. Crinon.
Service d'infirm. : Mme Colmont.

Amb. Bourières et Collaborateurs
Boulevard du Temple, 15.
25 lits.

Service médical : MM. Grange.
                  Campardon fils.
                  Grosjean.
Chirurgiens :   Benet.
                  Deperraud.
Administration :   Bourrières, dirtr
                  Bergon, s.-dir.
                  Mahé, secrétre.
Service d'infirm. : l'ab. Noyer, aumôn.
             Mmes Guétro.
                  Bergon.
                  Derome.
                  Ducellier.
                  Lemaistre.
                  Grosgean.
                  C. Lemaistre.
                  L. Bourrieres.
                  H. Giboury.
                  Eramboury.
                  Rouher.
                  Perey.
                  Romain.
                  Guillaume.
                  Boullenger.

Ambulance des Dames-Sœurs-Saint-Louis-de-Jully.
Rue Vieille-du-Temple.
10 lits.

Service médical :   Dr Perrin.
Service d'inf. : Mmes Srs St-Louis-de-Jully
                      Saint-Thomas.

Ambulance des Francs-Tireurs
Ecole Turgot, rue Turbigo
5 lits.

Directeur :   M. Marguerin.
Pharmacien :   M. Lagardere.

Ambul. Augouard et Collaborateurs
Rue des Vosges, 6.
4 lits.

Service médical :   Dr Augouard.
Service d'infirm. : Mme Augouard.
Collaborateur :   M. Boussingault.

Ambulance de la Presse
Arts-et-Métiers.
Service d'infirm. : Mme Fredin.

Ambulance Massin
Rue des Minimes
Service d'infirm. : Ve Marchand, dir.

Ambulance Militaire
Rue des Tournelles, bureau des Nourrices.
Directrice :   Mme Cortillot.

Ambulance Mimerel
Rue Saint-Martin.
Service d'infirm : Mmes A. Mimerel.
                  P. Raison.

Par suite de la nature de certaines maladies, et en raison de l'encombrement survenu dans les ambulances privées, nous avons dû en ouvrir deux au moyen de nos ressources : Une de 24 lits située boulevard Saint-Martin, n° 1, dans un vaste local inoccupé, généreusement mis à notre disposition par le propriétaire ; plus, une de 12 lits, rue Réaumur, n° 11.

Ces deux ambulances ont été installées et pourvues de tous les objets nécessaires : meubles, literie, linge, ustensiles, etc., dépenses d'entretien, de nourriture et de pharmacie, le tout aux frais de notre caisse ; les différents services ont été faits gratuitement à l'exception de deux employés gardiens, auxquels nous avons donné de faibles appointements.

L'ambulance de la rue Réaumur, ouverte dès les premiers jours du siége nous a rendu de grands services ; le docteur Firmin, par ses bons soins, a concouru aux excellents résultats que nous y avons obtenus.

Trop tardivement ouverte, par suite de nos grandes occupations, l'ambulance du boulevard Saint-Martin ne nous a pas fourni le secours que nous en attendions ; aussi, nous félicitons-nous d'avoir pu, moyennant un léger sacrifice, rendre aux divers marchands la plus grande partie des objets fournis par eux, de sorte que la dépense qui en est résultée a été très-minime.

ALIMENTATION

ET

FOURNITURES DIVERSES

AUX AMBULANCES, AUX MALADES ET AUX JEUNES ENFANTS

DISTRIBUTION ALIMENTAIRE

Aux Ambulances et aux Malades.

Afin d'ajouter au rationnement décrété jugé par trop insuffisant pour des blessés et certaines catégories de malades, la direction des subsistances, sur la demande que lui en avait faite l'administration des ambulances, avait organisé dans différents fourneaux municipaux de l'arrondissement un service spécial chargé de préparer une nourriture plus substantielle.

Cette nourriture était délivrée sur la présentation de bons particuliers, dits d'ambulances.

Il a été distribué aux ambulances et aux malades, soit contre paiement, soit gratuitement :

18,330 bons de chacun 50 grammes de viande.
20,597   —   — 1/2 litre de bouillon.
 7,228   —   — une portion de légumes.
Ensemble d'une valeur de...................... 8,611 fr. 55 c.
En légumes secs, farine et fromage 867   »

Total............. 9,478 fr. 55 c.

somme qui a été payée à la direction des subsistances municipales du 3ᵉ arrondissement, par le service des ambulances.

De la somme ci-dessus, il convient de déduire en recette à notre service la valeur des bons qui ont été donnés gratuitement aux ambulances qui en avaient fait la condition de leur offre, ainsi qu'aux malades nécessiteux ;

Plus, la farine distribuée pour les jeunes enfants.

VIANDE FRAICHE

Du 5 octobre, date du rationnement, au 10 février, les malades de l'arrondissement ont reçu contre paiement en plus de la ration à laquelle ils avaient droit 985 kilos de viande fraîche : bœuf, vache, mouton, cheval.

Pour éviter les abus, une boucherie spéciale était chargée de ce service, la viande ne devait y être remise que contre un bon signé du directeur des ambulances et en se renfermant strictement dans le poids désigné.

Les bons étaient chaque jour délivrés à la mairie sur certificats de médecins, après constatation de la vérité et de l'authenticité.

Cette quantité relativement faible, 985 kilos, a été prélevée sur le rationnement de la population de l'arrondissement.

Aucune distribution supplémentaire pour les malades n'ayant été accordée par le Ministre de l'agriculture et du commerce, nous nous trouvions dans la dure nécessité d'être très-parcimonieux et de prendre certaines précautions ; une distribution plus largement faite aurait diminué trop sensiblement la part, déja très-minime, attribuée à chaque habitant; moins de sévérité dans l'examen de la gravité des cas aurait eu pour effet d'augmenter considérablement le nombre de demandes, d'autant plus que presque toute la population pouvait invoquer avec vérité le mauvais état de santé ; les causes ne manquaient pas : le chagrin, les privations, la rigueur de la température. y contribuaient suffisamment.

Nous repoussons de toutes nos forces, pour notre service, toute accusation de complaisance ou de partialité dans l'exécution de cette partie ingrate et pénible de notre mission

LAIT

—

Voulant remédier à la difficulté chaque jour croissante de se procurer du lait, aliment de première nécessité pour les jeunes enfants, les vieillards, et certains malades, nous avions, dès le début du siége organisé un service spécial chargé de délivrer chaque matin à la mairie (après examen de la nécessité absolue), la quantité de lait que nous avions pu nous procurer.

50 litres environ nous avaient été concédés par le Ministre de l'agriculture et du commerce.

40 litres étaient achetés à un nourrisseur de l'arrondissement.

7 litres provenaient d'une vache que M. le docteur Cosson avait généreusement mise à notre disposition pour toute la durée du siége.

Du 19 novembre au 19 février nous avons pu fournir 5,530 litres de lait, formant en recette une somme de 4,710 francs.

430 personnes, dont 64 gratuitement, ont participé chaque jour à cette distribution.

MÉDICAMENTS

Donnés gratuitement aux Gardes Nationaux.

La caisse des ambulances a supporté la charge des médicaments fournis aux gardes nationaux malades dont l'état de gène était certifié par le président du conseil de famille de la Compagnie.

A la suite d'une conférence que nous avions eue avec un des représentants de l'assistance publique, nous avions le droit d'espérer que cette administration nous viendrait en aide et se chargerait de ces frais; elle en a décidé autrement; nous avons donc dû payer une somme assez importante en médicaments et bandages.

LIQUIDES

Vins, — Eaux-de-vie, — Rhum & Alcool.

Parmi les dons que nous avons été heureux de recevoir, nous devons mentionner les liquides : les 8 pièces de vin ordinaire et vin fin qui nous ont été envoyées ont fait grand bien à beaucoup de pauvres femmes nourrices, vieillards et malades auxquels nous les avons distribuées ; partie des 24 bouteilles de rhum et d'eau-de-vie ont ranimé bien des blessés.

100 litres d'alcool ont été, après préparation, utilement employés dans nos ambulances sédentaires, et ambulances des bataillons de marche.

LINGERIE

DISTRIBUTION AUX AMBULANCES

ET AUX NÉCESSITEUX

LINGERIE MUNICIPALE

Du 3ᵐᵉ Arrondissement

RATTACHÉE AU SERVICE DES AMBULANCES

Administrée par M. FORTIN

AVEC LE CONCOURS DE :

Mesdames	MM.
DESMARQUET, rue des Fontaines, 5.	CHAMPOURET, rue du Temple, 118.
CLÉRAY, rue du Temple, 191.	LEGRAND, rue d'Anjou, 8.
MALMANCHE, rue du Marché-Neuf, 4.	NIQUET, rue du Temple, 78.
CHÉRALDE, rue Dupuis, 5.	ERENARD, rue Réaumur, 38.

Vers le 10 septembre 1870, un certain nombre de dons en nature tels que charpie, linge et literie, avaient été faits au 3ᵉ arrondissement pour servir aux ambulances déjà en voie de formation. M. Bonvalet, maire, et M. Murat, adjoint, accueillirent favorablement la proposition faite par M. Fortin de fonder une lingerie pour secourir les nécessiteux.

Les dons reçus étant insuffisants, la Municipalité justement émue des nombreuses misères dues au chômage et à la mauvaise saison, adressa à ses administrés un appel chaleureux, les invitant à l'aider à secourir tant d'infortunes; cet appel fut entendu par la plupart; un grand nombre d'habitants de tous les quartiers de Paris se joignirent à nos administrés et accoururent nous apportant des vêtements, des chaussures, de la literie; les plus riches donnèrent de l'argent et des étoffes neuves qui furent transformées à peu de frais et souvent gratuitement par des personnes charitables et dévouées. Grâce à cette entente parfaite, à ce concours généreux de tous, bien des misères ont été soulagées dans notre arrondissement, l'un des plus chargés à cette époque en population ouvrière et refugiée.

Une somme importante puisée dans la caisse de la direction des subsistances, augmentée du produit des quêtes faites à domicile, nous permit d'atténuer bien des souffrances, indépendamment d'une grande quantité de linge en bandes, charpie, draps de lits fournis à nos ambulances, environ 20,000 personnes nécessiteuses furent secourues.

Il fût distribué 10,000 paires de sabots.

—   —   10,000   —   chaussons.

—   —   3,000   —   chaussures diverses.

des vêtements d'hommes, de femmes, d'enfants, layettes, literie, etc.

L'heureuse initiative de la Municipalité du 3ᵉ arrondissement a été puissamment secondée par la générosité des donateurs dont les noms suivent :

MM.

DE ROTSCHILD (don considérable en étoffes, chaussures, vêtements de toute nature.

LEDUC père et fils, 148, rue St-Martin.

LELEUX, négociant, 203, rue St-Martin.

CHARTIER et Cᵉ, 176, rue Saint-Martin.

DURY et GIGNOT, 159, rue Saint-Martin.

BOLUM et DURET, 171, rue St-Martin.

BOUILLARD, 176, rue Saint-Martin.

TIRARD, 5, rue du Chaume.

JACOB, 6, rue Béranger.

ARMANT, 6, rue du Cardinal-Fesch

HÉRICOUT, 42, rue Réaumur.

GODCHAUX, 60, boulevard Sébastopol.

DAVID HASSEL, 89, rue Turbigo

JOREL, 49, rue Beaubourg.

SOLARI, au Grand Turenne.

CHATEL, 9, boulevard du Temple.

DEHUS, 16, rue Dupetit-Thouars.

WEYDEMANN, 27, rue du Bac.

MULERET et Cᵉ, 14, rue de Rambuteau.

ALINOT, 57, rue Turbigo.

SAMOURY et ENTREGUS, 159, r. St-Martin.

DUMONCEAU, 84, rue Turenne.

BELLEMOIT, 189, rue du Temple.

LEGENDRE, à Bercy.

POLIGNAC, 45, rue du Sentier.

MATHEY, 39, rue Turenne.

   Mesdames

JENNY, 187, rue du Temple.

Vᵉ CHARLES, 38, rue des Gravilliers.

BUSSARD, 113, boulevard Beaumarchais.

COLLIN, 43, rue des Tournelles.

LEFÈVRE, 62, boulevard Sébastopol.

DÉPELETÈS, au Grand-Saint-Louis.

A cette liste très incomplète des personnes de cœur qui ont bien voulu nous seconder, il convient d'ajouter :

Le corps des vétérans tout entier, officiers et soldats se sont signalés par leur zèle, les quêtes faites par eux à domicile ont été fructueuses, beaucoup de vieux linge et vêtements leur ont été remis, et sont venus augmenter notre stock toujours insuffisant.

COURS DE PREMIERS PANSEMENTS

Désireux de seconder la bonne volonté des dames de l'arrondissement qui voulaient se dévouer aux pansements des blessés dans les ambulances, M. le docteur Roy, dont le patriotisme et la courageuse activité ne se démentirent pas un seul instant, soit dans les ambulances, soit sur les champs de bataille où son service l'appela plusieurs fois, nous fit la proposition d'ouvrir à la mairie un cours de premiers pansements destiné aux dames qui se proposaient de donner des soins aux blessés. Cette offre fut acceptée avec empressement et reconnaissance par la municipalité ; les résultats en furent très-satisfaisants. Plusieurs centaines de dames purent, grâce à cet utile enseignement, acquérir quelques connaissances techniques qui leur permirent de rendre des services plus efficaces dans leurs ambulances.

L'importance de ce cours familier et pratique, dans lequel chaque dame était appelée à exercer et à témoigner de ses aptitudes, fut tellement appréciée que trois séries successives furent nécessaires pour donner satisfaction aux nombreuses demandes.

M. le docteur Roy, par sa bonne pensée, en initiant les dames à ce travail ingrat et difficile, a certainement contribué aux bons résultats obtenus dans les ambulances de l'arrondissement.

MAISON D'ADOPTION

Des Orphelins du 3me Arrondissement.

Indépendamment des services que la Municipalité du 3e arrondissement nous avait spécialement confiés, nous croyons devoir rappeler les résultats de notre concours personnel pour la création d'une maison d'adoption des orphelins de la guerre dans le 3e arrondissement.

C'était bien à la Municipalité qui avait tant de fois pendant sa laborieuse administration affirmé ses sentiments d'humanité et de fraternité, qu'il appartenait d'émettre l'idée d'une création de cette nature. Elle voulait assurer à l'enfant dont la guerre faisait un orphelin, un asile où il pût trouver une famille nouvelle, et encourager par cette certitude le citoyen à verser, sans crainte de l'avenir, son sang pour la patrie.

Les événements qui sont survenus, les changements administratifs n'ont point permis à cette noble idée de se réaliser; toutefois notre devoir est de remercier ici les personnes qui ont généreusement souscrit pour cette fondation, et versé entre nos mains leur offrande patriotique. Ce sont :

Souscriptions faites par Madame FERRÉ, et encaissées par les soins de M. BONVALET, Maire du 3ᵉ arrondissement.

De MM. MASSON	65
CARY	65
MICHON	15
FORTIN	9
COSSON	25
BLAISE	5
MOUSSERON	130
CLERAY	130
BLOT	65
MAHLER	15
LEMAIRE	15
DIDIER	6
ANTIME	6
LEDOUX	15
FLOQUET	30
CHAVAGNAT	295
GOSSET	9
HURET	6
LAIR	6
MURAT	60
SERVANT	15
LEGRAND	30
GAILLARD	9
MORIN	65
Dʳ AUGOUARD	6
PIAULT	6
HALLIER	35
DEPELÈTES	130
A reporter	1,248

Souscriptions reçues en Espèces par Madame FERRÉ, et versées à M. BONVALET, Maire du 3ᵉ arrondissement, le 21 décembre 1871.

Report	1,248
De Mᵐᵉˢ FERRÉ	130
BONVALET (dons réunis)	195
DE ROTCHILD	100
BEAUVAIS	20
FLOQUET	100
LEDOUX	40
De MM. MAHLER	20
FRÈRE	5
MATHEY	100
LAIR	5
LACARRIÈRE	100
MURAT	100
MATHEY	15
BONVALET	100
TOTAL	2,278

Reçu et non versé :

Madame FRÈRE	10 f.
— MATHEY	15
TOTAL	25 f.

· Avant de terminer, il est de notre devoir de rappeler l'empressement et le zèle infatigables avec lesquels les Dames de l'arrondissement ont concouru au soulagement des malheureux.

Dès le début de la guerre, elles mettaient à la disposition de la Municipalité une somme d'environ 30,000 fr., obtenue dans des quêtes pour les blessés et les nécessiteux.

Un nouvel appel à la charité publique leur était demandé pour la fondation d'une lingerie municipale, et un succès complet couronnait leurs efforts. Bien des familles doivent la santé de leurs enfants, bien des blessés doivent leur guérison au dévouement des dames du 3ᵉ arrondissement ; rien ne les a rebutées dans leur tâche ingrate et quelque grands qu'aient été les besoins, elles sont toujours parvenues à y subvenir par leur infatigable activité.

Plus tard, elles conçurent l'idée d'un atelier pour les ouvrières sans ouvrage. Après les nombreuses contributions auxquelles avait été mise la charité publique, trouver de l'argent, se procurer des étoffes, s'assurer des acheteurs, semblait une tâche ardue, sinon impossible ; toutes les difficultés ont été aplanies par leur dévouement admirable, et plus de 300 ouvrières, de tous les quartiers de Paris, ont trouvé chaque jour, pendant cette cruelle période, sinon un gain élevé, du moins le moyen d'éviter la misère en gagnant quelque argent, et d'échapper aux tristes préoccupations qu'entraînait l'inaction.

Partout où il y avait un malheur à soulager on les a rencontrées ; elles ont été sublimes jusqu'à la dernière heure.

Les malheureux conserveront le souvenir de Mesdames Bonvalet, Marchef-Girard, Dreyfus, Wolshon, Isidor, Cleray, Ferré, Dennery, Hayman, Pariot Laurent, Franky-Magniadas, Bellan, Dupré, Lacroix, Lemaire, Didier, Dalsace.

Combien d'autres devrions-nous encore citer, si nos rapports n'avaient été limités à celles d'entre les Dames du 3ᵉ arrondissement qui étaient plus particulièrement chargées d'organiser et de diriger.

Ce dévouement n'a été égalé que par le corps médical; nos médecins et nos chirurgiens ont été infatigables, nuit et jour à l'action, aux avant-postes, aux bastions, aux ambulances, services du bureau central et du bureau de bienfaisance ; on les a toujours trouvés empressés, zélés et dévoués; aussi, nous qui les avons vus à l'œuvre, protestons-nous publiquement contre l'ingratitude dont on a fait preuve à leur égard, là encore, nous avons retrouvé une hostilité qui, ne pouvant nous atteindre, s'est exercée contre ces vaillants collaborateurs.

Invoquant notre connaissance des faits et des actes, par suite de la fonction que nous avions occupée, M. Malingre, adjoint de la Municipalité actuelle du 3ᵉ arrondissement, dans le courant du mois d'août 1871, nous avait demandé un rapport devant servir, disait-il, à signaler à l'administration supérieure ceux des médecins qui s'étaient le plus distingués pendant le siége; nous avons constaté avec regret que les quatre noms désignés par nous et à l'appui desquels nous avions joint des notes relatant les actions qui les recommandaient particulièrement pour une distinction, avaient tous été repoussés, et voulant laisser à chacun la responsabilité de ses actes, nous déclarons que c'est tout à fait en dehors de notre appréciation que les récompenses accordées à la fin du siége au corps médical du 3ᵉ arrondissement ont été distribuées.

T. FERRÉ.

COPIE DU LIVRE DE CAISSE

Du Service des Ambulances Municipales du 3e Arrondissement.

DÉCEMBRE 1870. — Recettes.

6	Espèces en caisse (souscriptions effectuées jusqu'à ce jour........	633	25
	Vente de lait....................	46	55
	Vente de charbon à l'amb. Levasseur	20	»
7	Vente du lait.	53	20
	Vente de bons d'alimentation aux ambulances......	298	90
8	Vente du lait..................	48	05
	Vente de bons d'alimentation aux ambulances..................	169	»
9	Vente du lait.............	45	75
	Vente de bons d'alimentation aux ambulances..................	200	»
10	Don de M. Say, rue Turbigo, 83...	100	»
	Vente du lait............... ..	45	80
	Vente de bons d'alimentation aux ambulances..................	413	25
	Loterie pour les blessés..........	16	»
11	Vente du lait..................	47	20
	Vente de bons d'alimentation aux ambulances..................	180	»
12	Don de M. Begale, rue Meslay, 50.	100	»
	Don de M. Lequeux, rue Meslay, 7.	20	»
	Vente de bons d'alimentation aux ambulances..................	190	»
	Vente du lait...	43	80
	Quête pour les blessés faite par le service d'ambulance du docteur Cramoisy....................	1,036	30
13	Vente du lait..................	45	»
	Vente de bons d'alimentation aux ambulances........	200	»
14	Vente du lait..................	46	10
	Vente de bons d'alimentation aux ambulances....	160	»
	Don de M. Goupil, rue Meslay, 24.	10	»
	Versé par la direction des subsistances municipales du 3e arrondissement, partie du produit des quêtes faites dans l'arrondissement au profit des blessés et des nécessiteux..................	10,000	»

A reporter........ **14,168 15**

DÉCEMBRE. — Dépenses.

6	700 bons d'alim. aux Subsistances.	77	»
	700 id. id......	165	»
	Dublanc, pharm., pr l'amb. Turbigo	14	75
	Lemarquay, ouate	13	»
	Langlois, taffetas gommé (Turbigo)	8	»
	Langouland, appareils de chirurgie.	10	»
	1,000 bons bouillon et viande.....	200	»
	300 bons de fromages...........	33	»
	Charbon à la direct. des combust..	20	»
9	2,300 bons aux Subsistances	398	»
10	Pois, riz et légumes.............	158	65
	1,409 bons bouill., viande, lég., pain	266	50
	Bois pour l'ambul. du bastion 22 ..	2	50
	Langouland, app. de chir. (solde).	128	»
	Delafontaine, sucre..............	1	70
11	1,400 bons bouillon, viande et lég.	244	»
12	600 bons bouillon et viande.......	120	»
	Corbin, lingerie	40	»
13	2,000 bons aux Subsistances	373	»
14	650 id. id.	113	25
	Delafontaine, bougie	3	»
15	Aux Subsistances, 1,000 bons....	200	»
16	Chassin, tabac de cantine........	46	50
17	Aux Subsistances, 1,200 bons	222	»
	Bon de réquisition de voiture pour transport de malades..........	5	»
	Transport à St-Louis d'un malade.	2	25
	Corbin, draps de lit.............	300	»
18	Frère, paille et foin pour la vache.	212	50
19	Aux Subsistances, 1,350 bons	244	25
	Ficelle	1	10
	Heu Guillemot, charbon de terre..	180	»
	2 bains pour l'ambul. Réaumur (1)	1	20
20	Aux Subsistances, 1,800 bons....	333	»
	1,000 cigares	50	»
21	Charbon pour l'ambul. Leclerc...	19	50
	Aux Subsistances, 1,650 bons....	304	25
	Rougelot, bois à brûler et transp..	116	»
	Evacuation des malades sur l'hôp.	4	»
23	Diverses fournitures de bureau...	1	»

A reporter........ **4,631 90**

(1) Cette ambulance, ouverte et organisée par nos soins, a fonctionné sous notre administration, et complètement aux frais de notre caisse.

RECETTES

Report	14,168	15
15 Vente du lait	47	»
Don de M. Watbled	2	»
Vente de bons d'alimentation aux ambulances	150	»
16 Vente de bons d'alimentation aux ambulances	125	»
Vente du lait	43	40
17 Espèces provenant d'un don de M. Charnot	10	»
Vente du lait	45	20
Vente de bons d'alimentation aux ambulances	100	»
18 Vente du lait	42	10
19 Vente du lait	46	20
Vente de bons d'alimentation aux ambulances	225	»
D'une quête	40	»
20 Vente de bons d'alimentation aux ambulances	300	»
Vente du lait	46	15
21 Vente du lait	41	70
Vente de bons d'alimentation aux ambulances	200	»
Don de M. Vandit, 54, rue Aumaire	10	»
Don de M. Martin, 40, rue des Vosges	80	»
22 Don de M. Alimaux, 43, rue Saintonge	50	»
Vente du lait	42	55
23 Vente du lait	42	25
Vente de bons d'alimentation aux ambulances	250	»
D'une quête	11	25
24 Vente du lait	43	70
25 Vente du lait	44	95
26 Vente du lait	43	85
Vente de bons d'alimentation aux ambulances	225	»
Vente de charbon	16	»
27 Don de M. Letournelle	50	»
Vente de bons d'alimentation aux ambulances	100	»
Vente du lait	45	20
28 Vente du lait	43	45
29 Vente du lait	43	10
30 Vente du lait	43	»
D'un don	5	»
Remboursement pour médicaments fournis	4	60
A reporter		

DÉPENSES

Report	4,631	90
23 Aux Subsistances, 2,900 bons	546	50
26 id. 1,000	200	»
27 id. 1,300	233	»
A Mollet, infirm. à l'amb. Réaumur, ses appointements du mois	45	»
Au même, pour divers achats	1	50
Charrière, instrum. de chirurgie	24	»
29 Aux Subsistances, 200 bons	42	50
30 id. 1,700	322	»
Hachette, une douz. de biscuits	4	20
(1) Charbon pour l'amb. r. Turbigo, 78	19	50
Blanchissage pour la même ambul.	7	25
Allumettes et enveloppes	»	50
31 Aux Subsistances, 900 bons	153	»

JANVIER 1871.

2 Aux Subsistances, 1,400 bons	255	50
4 id. 1,200	240	»
Ratel, service de voiture de transp.	19	»
5 Clavel, fourniture de savon	64	70
Haricots, fromages et beurre	46	20
6 Aux Subsistances, 800 bons	160	»
7 Voiture pour un transp. de malade	1	50
8 Aux Subsistances, 2,600 bons	466	»
9 Langoulant, appareils de chirurgie	45	»
Pigeron, voitures de transport	15	»
Auducœur, fournit. pour la vache	86	60
10 Mme Plumet, blanch. pr la lingerie	16	»
1 bain pour l'amb. r. Turbigo, 78	1	50
Bois pour la même ambulance	56	90
Bois et charbon pr l'amb. Réaumur	15	10
Id. id. Leclerc	15	»
Frais divers à l'amb. r. Turbigo, 78	15	»
Vallée, médicaments	»	50
Aux Subsistances, 550 bons	112	50
13 id. 2,500	455	»
OEufs	10	»
14 Frais divers à l'amb. r. Turbigo, 78	39	40
Charrière, tubes à vaccin	2	»
15 Aux subsistances (denrées)	50	»
Achat de fournit. pour la lingerie	154	05
Bois à l'amb. des Filles-du-Calv., 7	30	»
1,000 bons de bouillon	200	»
18 Bois pour l'ambul. r. Turbigo, 78	32	50
19 Aux Subsistances, 2,000 bons	355	»
A reporter	9,187	80

(2) Cette ambulance, organisée par le Comité républicain, et dirigée par M. Sauvageau, a réclamé notre concours et notre aide à partir de ce jour jusqu'à la fin du siége.

RECETTES		
Report 16,422	80	
Vente de bons d'alimentation aux ambulances..................	327	95
31 Vente de bons d'alimentation aux ambulances..................	162	50
Vente du lait.................	43	40

JANVIER 1871.

1er Vente du lait..................	44	50
2 Vente du lait..................	41	95
Vente de bons d'alimentation aux ambulances..................	200	»
3 Vente de bons d'alimentation aux ambulances..................	200	»
Vente du lait..................	41	85
4 Vente du lait..................	52	85
Don de M. Frontier.............	2	»
5 Vente du lait..................	52	30
6 Vente du lait..................	54	30
Vente de bons d'alimentation aux ambulances..................	225	»
Don de M. Murit...............	3	45
7 Vente de fromages et de légumes secs à diverses ambulances.....	134	30
Vente du lait..................	54	80
8 Vente du lait..................	53	»
9 Vente du lait..................	51	55
Vente de charbon de bois........	20	»
10 Don de M. Baudoin, rue d'Anjou..	50	»
Don de M. Jacob, rue Béranger...	100	»
Vente du lait..................	51	90
11 Vente du lait..................	51	75
Vente de bons d'alimentation aux ambulances..................	650	»
Don du 87e bataillon............	5	30
12 Vente du lait..................	49	45
13 Vente du lait..................	50	95
Vente d'œufs..................	11	40
Vente de bons d'alimentation aux ambulances..................	200	»
Don de M Griffon, rue Saint-Martin, 219..................	50	»
14 Vente du lait..................	51	90
15 Vente du lait..................	49	75
16 Vente du lait..................	49	85
17 Vente du lait..................	50	90
18 Vente du lait..................	49	45
19 Vente du lait..................	48	85
Vente de bons d'alimentation aux ambulances..................	250	»
A reporter.........20,406	95	

DÉPENSES		
Report.............. 9,187	80	
21 Frais divers à l'amb. r. Turbigo, 78	42	85
Id. id. r. Réaumur	13	»
Roger, 12 chaises en paille.......	42	»
Aux Subsistances, 2,100 bons....	422	50
23 Tabac de cantine...............	60	»
Aux Subsistances, légumes secs...	15	»
Appointements à Mollet, infirmier à l'ambulance Réaumur........	45	»
Dupuis, lait..................	30	»
24 Réparation d'un brancard........	3	»
Aux Subsistances, légumes secs...	95	»
Linge confectionné à l'at. du trav.	119	25
25 Dépenses de l'amb. r. Turbigo, 78	42	55
Id. (omise le 23) id....	29	35
Divers transports aux hôpitaux....	7	»
Legrand, service de voiture......	12	»
1,000 bons de bouillon...........	200	»
Dupuis, lait..................	30	»
26 Sangsues pr l'amb. des F.-du-Calv.	4	»
Facture Duval................	32	75
Id. Gosse...................	5	60
Id. Rompil..................	38	30
Id. Lambercheim, sacs en papier	3	90
Id. Gauthier, quincaillerie....	3	»
Id. Delaunay................	5	10
Id. Mangin.................	1	85
Id. Thinit..................	7	70
Id. Fourment...............	10	65
Id. Haymann...............	3	»
Id. Richard.................	12	65
Dupuis, lait..................	30	»
27 Id..................	30	»
28 Id..................	30	»
Frais divers pour la lingerie......	76	85
Voiture pour transport de malade..	2	50
29 Dupuis, lait..................	30	»
30 Id..................	30	»
Legcay, vêtements pour la lingerie	38	50
100 bons de pain de 300 grammes.	10	»
31 Dupuis, lait..................	30	»

FÉVRIER.

1 Dupuis, lait..................	30	»
2 id..................	30	»
Aux Subsistances, 2,000 bons.....	400	»
3 Os (facture).................	4	»
Dupuis, lait..................	30	»
4 Dupuis, lait..................	30	»
Dépenses de l'amb. r. Turbigo, 78	60	35
A reporter.....11,417	»	

RECETTES

	Report............	20,406	95
20	Vente du lait.................	30	55
21	Vente du lait.................	50	30
	Vente de bons d'alimentation aux ambulances.................	350	»
22	Vente du lait.................	52	05
23	Vente du lait.................	76	»
	Vente de légumes.............	21	»
	Don de M. Mathieu, rue Meslay, 51	5	»
24	Vente du lait.................	97	»
25	Vente du lait.................	101	50
26	Vente du lait.................	96	60
	Vente de farine...............	69	75
	Vente de bons d'alimentation aux ambulances.................	306	»
27	Vente du lait.................	100	40
28	Vente du lait.................	95	40
29	Vente du lait.................	96	50
30	Vente du lait.................	102	70
	Vente de bons d'alimentation aux ambulances.................	400	»
31	Vente du lait.................	96	50

FÉVRIER.

1er	Vente du lait.................	92	20
2	Vente du lait.................	97	05
3	Vente du lait.................	96	30
4	Vente du lait.................	98	60
	Vente de bons d'alimentation aux ambulances.................	241	60
5-6	Vente du lait et recette de deux journées.................	165	90
6	Vente de bons d'alimentation aux ambulances.................	108	35
7	Vente du lait.................	88	»
8	Vente du lait.................	87	90
	Vente de bougies.............	1	40
9-10	Vente du lait (2 jours)..........	168	65
11	Vente du lait.................	85	10
12	Vente du lait.................	83	90
13	Vente du lait.................	75	30
	Vente de bons d'alimentation aux ambulances.................	150	»
14	Vente du lait.................	67	50
15	Vente du lait.................	67	40
16	Vente du lait.................	75	»
17	Vente du lait.................	74	20
	Vente de bois.................	32	50
	Tronc des Archives.............	1	30
	A reporter...	24,513	15

DÉPENSES

	Report...............	13,590	35
4	Pique, lampes.................	23	10
	1,000 bons de pain de 300 grammes	10	»
5	Dupuis, lait.................	30	»
6	id.................	30	»
7	id.................	30	»
8	id.................	30	»
9	id.................	30	»
	Achat d'huile.................	»	85
	Avances à Annette, infirmière.....	5	»
	Lebersalle, huile à brûler.........	22	85
	Agasse, peinture sur calicot.......	18	«
10	Aux Subsistances, 6,050 bons.....	1025	»
	10 kilogr. de briquettes	»	60
	Dupuis, lait.................	30	»
11	id.................	30	»
12	id.................	30	»
13	id.................	30	»
14	id.................	20	»
	50 bons de pain.................	11	95
	Dépenses diverses pr l'amb. Turbigo	24	30
15	Dupuis, lait.................	20	»
16	id.................	20	»
17	id.................	20	»
18	id.................	20	»
19	id.................	40	»
	Son pour la vache	2	50
23	Appointem. de Mollet, infirmier...	45	»
	Id. à Annette, infirmière..	20	»
	Dépenses diverses pr l'amb. Turbigo	69	95
	Secours à Morin, blessé..........	5	»
27	Frais divers pour la lingerie......	94	50
	Ficelle	»	60

MARS.

5	Ports de lettres.................	»	90
7	Charpentier, ferblantier..........	32	75
	Galpin, rue de Turenne, 75.......	14	25
9	Solde des app. à Annette, infirmière	14	50
	Huile pour l'ambulance St-Martin..	»	85
11	Déménagem. de l'ambul. Turbigo.	66	20
	Blanchissage	55	70
	Passe-montagnes.................	70	»
	Frais divers pour la lingerie.......	57	50
16	Ports de lettres.................	»	80
	Roche, pharmacien...............	33	15
17	Ustensiles pr l'ambul. St-Martin (1)	37	55
	A reporter...	13,590	35

(1) Cette ambulance, ouverte et organisée par nos soins, a été complétement alimentée par notre caisse.

RECETTES		
Report,.......	24,513	15
18 Vente du lait..................	77	20
19 Vente du lait..................	86	30
Vente du lait..................	9	40
21 Vente de bons d'alimentation aux ambulances.................	150	»
Liquidation de l'ambulance Leclerc, 7, rue des Filles-du-Calvaire...	5	55
27 Vente de légumes à diverses ambulances.................	187	75
Remboursés par la direction des subsistances pour bons rendus..	662	35
D'un don.................	5	»
MARS.		
29 Vente de dix bouteilles rhum et eau-de-vie données pour les blessés (non utilisées.................	38	»
Vente à A. Couren, pharmacien, de 60 litres alcool restant........	114	»
Total.....	**25,848**	**70**

DÉPENSES		
Report...........	13,590	35
Frais de pharm. de l'amb. Richard	103	»
Couren, pharmacien.............	276	»
Vallée, id..............	616	»
Agard, id..............	132	95
Chaumette id......	59	50
Crinon. id..	312	»
18 Ports de lettres.................	1	10
Jappy, ust. pour l'amb. St-Martin.	64	85
Gérard....................	2	50
Nolet, voiturier.................	7	»
Martin.................	10	»
Lefèvre, nourriture pour la vache..	15	«
Félix, imprimeur, lettres d'invitat.	15	»
20 Menez, pharmacien..	59	45
Jeannin, id................	127	»
Pillard-Naveteur, pharmacien.....	79	20
21 200 bouchons (mise de vin en bout)	2	»
Un ciseau à froid................	»	75
24 Facture Monnaie.............	2,195	70
Pose de carreaux à l'amb. St-Martin	8	»
Blanchissage pour la lingerie......	8	65
27 id. id.	29	65
Prunier, travail de calligraphie....	25	»
Don à un nécessiteux...........	5	»
30 Esquerré, honoraires, règlement des notes de pharmacies	46	50
Bonnefond, pharmacien	538	»
Dépenses pour la lingerie.........	3	»
Versé à M. Martin, secrét.-général de la Mairie.................	5,000	»
AVRIL.		
1 Achat de papier.................	1	60
Frais divers pour la lingerie......	328	55
3 Pélissier-Beau, étoffe p^r la lingerie.	60	45
Leduc, id. id.....	56	10
Appointem. de mars à Jochüm (1).	100	»
5 Couren, pharmacien (solde).......	88	»
6 Pharmacie de l'amb. Ste-Elisabeth	90	»
7 Aury, voiturier.................	60	»
Lemaire, mise de vin en bouteilles.	27	»
12 Distribution des médailles à domicile	92	»
20 Fortin, registres pour l'administrat.	18	»
MAI.		
6 Aury, voiturier, déménagement...	12	»
FÉVRIER 1872.		
29 Lebeault, pharmacien...........	7	»
Total.....	**24,273**	**85**

(1) Cet employé n'avait reçu aucune rétribution pour les services rendus du 1er octobre au 1er mars.

RÉSUMÉ

RECETTES		DÉPENSES	
Espèces prélevées sur les quêtes et souscriptions................	12,574 40	Payé à la direction des Subsistances du 3ᵉ arrondissement (bons de nourriture et denrées diverses)......	9 478 55
Produit des ventes de comestibles (bons) Combustibles et divers...... ...	8,563 70	Factures diverses..........	8,363 20
		Appointem et dépenses remboursées.	662 10
		Dupuis, fourniture de lait..........	770 »
Produit de la vente du lait (1).......	4.710 60	TOTAL	19,273 85
		Espèces remises à M. Martin, secrétaire-général de la Mairie du 3ᵉ arrondissement, le 30 mars 1870.	5,000 »
			24,273 85
		Entre les mains de M. Ferré 1,544 75	
		Différence en caisse 30 10	
			1,574 85
TOTAL......	**25,848 70**	**TOTAL.........**	**25,848 70**

(1) Sur cette somme, partie est due au Ministère de l'Agriculture et du Commerce.

Certifié conforme au livre de caisse.

T. FERRÉ,

Directeur des Ambulances du 3ᵉ arrond.